AF245664

DANS DEUX ANS

PAR

M. ALBERT DUCHESNE

ANCIEN DÉPUTÉ

PARIS

IMPRIMERIE LÉAUTEY, RUE SAINT-GUILLAUME, 24

—

1891

DANS DEUX ANS

PAR

M. ALBERT DUCHESNE

ANCIEN DÉPUTÉ

PARIS

IMPRIMERIE LÉAUTEY, RUE SAINT-GUILLAUME, 24

—

1891

SOMMAIRE

La République indiscutée. — Pacification générale. — Nécessité d'un programme de gouvernement. — Modération et fermeté.

Les questions à l'ordre du jour.

La question religieuse. — Application libérale des lois scolaires.

La question sociale.— Institutions de prévoyance ; le projet Constans. — La liberté des conventions du travail. — Les syndicats.

Méthode législative. et gouvernementale. — Procédure législative. — Action du gouvernement sur les travaux parlementaires. — Nécessité d'une attitude gouvernementale. — Les comités électoraux.

Conclusion.

Lettre au *Progrès de l'Oise* du 28 septembre 1890. — A propos du Boulangisme.

DANS DEUX ANS

Il y a deux ans que la Chambre est élue.

A l'heure présente, sous le consulat d'un Chef d'Etat bienveillant, instruit, respecté, inattaquable, l'union est faite dans les masses, véritable, définitive, sur la forme du gouvernement. Le clergé salue la République. Ceux d'entre nous qui en souhaitant, en 1889, la réforme des lois constitutionnelles cherchaient non le renversement de la République (que M. le comte de Paris et ses amis ont avoué si lourdement avoir exclusivement poursuivi), mais, avec sincérité, une meilleure organisation des pouvoirs publics, ont apporté, depuis, à la République une adhésion formelle et sans retour. M. Carnot, à qui sa haute correction a mérité les bonheurs les plus glorieux, vient de voir sa présidence marquée par la plus solennelle manifestation qui, depuis vingt ans, ait été faite en faveur de la France.

Que se passera-t-il dans deux ans ?

*
* *

Je viens demander la parole très humblement, sans prétention et sans ambition personnelles, au nom de ceux qui sont restés silencieux — comme il convenait — après la défaite, que l'échec n'a point aigris, qu'il a rendus peut-être sinon meilleurs, du moins plus sages, et qui ont trouvé, en tous cas, qu'il y avait moins d'honneur à récriminer contre les vainqueurs qu'à se recueillir loin des coteries.

Quand deux autres années se seront écoulées, le pays sera consulté à nouveau. Que dira-t-il ? Vers quels points précis, vers quelles solutions nettes son attention sera-t-elle nécessairement dirigée ? — Quel programme de gouvernement, en un mot, sous la République indiscutée, faut-il, dès à présent, préciser pour le soumettre, l'heure venue, à la sanction du suffrage universel ?

Nous avons dit : programme de gouvernement.

La majorité parlementaire actuelle, élue sur une négation, contre le boulangisme, n'a jamais eu — et, à la vérité, ne pouvait avoir — de programme de gouvernement. Le cabinet que préside l'honorable M. de Freycinet s'est borné, sous l'inspiration de cet homme aimable et indécis, à essayer de ménager tout le monde ; s'il est vrai qu'on rencontre parmi ses membres plusieurs personnalités de premier ordre, il n'a paru avoir aucun plan de travail, aucune ligne de conduite fixe, indiquant la résolution et l'esprit de suite. — Aussi bien, les hommes distingués du Parlement qui sont venus, non sans réticences, des anciens partis à la République ont plutôt indiqué, dans un programme rédigé avec précautions, ce qu'ils voulaient combattre que ce qu'ils voulaient faire. On sait les lois dont ils ne veulent pas : les lois d'exil, la loi militaire, les lois scolaires. Mais c'est tout. C'est là un programme d'opposition. Or, combattre n'est pas résoudre.

Eh bien, dans deux ans, qu'il nous soit permis de l'affirmer, les ministres actuels, les députés, les candidats, quels qu'ils soient, d'où qu'ils viennent, devront apporter au suffrage universel autre chose que de vagues discours et surtout autre chose que des formules de guerre. Ils devront lui proposer une règle de gouvernement définitive. On commence à trouver aujourd'hui (on trouvera, dans deux ans, bien davantage) qu'il importe de fixer les termes acceptables pour tous les hommes sages, modérés, laborieux, d'un accord sérieux, durable, fécond, qui est dans tous les intérêts et dans tous les cœurs, non sur les solutions philosophiques des trois ou quatre grosses questions qui ont agité l'opinion depuis dix ans, mais sur la ligne de conduite ferme que les pouvoirs publics doivent adopter en ce qui les concerne, de déblayer une bonne fois des abstractions les polémiques quotidiennes, puis, cela fait, de consacrer enfin les précieux instants qu'elles coûtent à des travaux plus utiles, à des études plus administratives.

Voulez-vous que nous examinions ici ce que peut être ce programme, non comme les politiciens, les chefs d'école, les présidents de groupes parlementaires, dont l'unique souci est de préparer pour eux et leurs tenants des plates-formes de combat, mais comme de braves gens paisibles, guéris de leur ancienne fougue, qui veulent pour leurs concitoyens et pour eux-mêmes la tranquillité et la stabilité. Nous n'avons pas toujours été si terre à terre, j'en fais l'aveu. Mais l'expérience et la défaite nous ont appris à le devenir.

Je crois que le principe et la règle qui doivent dominer cette rapide étude et inspirer tout gouvernement qui veut durer sont les suivants : « Défendre avec fermeté et avec esprit de suite les idées libérales et modérées. Le peuple veut la liberté pour lui et l'autorité dans le gouvernement. »

*
* *

Parmi les questions d'ordre général qui ont fixé l'attention ces derniers temps, il en est deux qui apparaissent tout d'abord et s'imposent à l'examen. La question religieuse qui, depuis dix ans, a servi de plateforme à tous les partis et de prétexte à toutes les agitations. La question sociale, qui a été la matière de bien des déclamations inutiles, de bien des promesses irréalisables, qui reste le sujet de bien des luttes et de bien des inquiétudes.

Que nous conseillent vis-à-vis de l'une et de l'autre la modération et l'esprit de gouvernement ?

LA QUESTION RELIGIEUSE

Ceux qui dissertent ordinairement sur la question religieuse se divisent encore en deux camps : D'un côté, des citoyens qui s'écrient avec une brutalité un peu déclamatoire : « La loi scolaire et la loi militaire constituent l'œuvre principale de la troisième République. Il faut les accepter l'une et l'autre sans examen, sans mot dire. Sinon, aucune transaction possible. » ...D'autre part, des personnages qui répondent avec une intransigeance qui peut paraître excessive aujourd'hui : « Les lois scélérates !... Jamais ! »

Et c'est tout. — Nous voilà donc en présence de deux formules irréductibles qui résument toutes les controverses religieuses des politiciens de notre temps, deux formules entre lesquelles il semble qu'il n'y ait rien ni personne !

Croyez-vous qu'il n'y ait place pour aucune autre formule ? Croyez-vous surtout que hors des formules il n'y ait point de salut ?

*
* *

Si vous voulez bien, nous ne parlerons ni de M. Pochon, ni de M. Cocula, ni de M. Chion-Ducollet, ni même de MM. Dide et Lockroy. Ces messieurs, on le sait, voudraient interdire l'accès des carrières publiques aux jeunes gens qui ont reçu l'enseignement spécial ailleurs que dans les établissements de l'Etat. L'accueil que la grande majorité des républicains vient de faire au vœu de M. Pochon nous dispense de toute discussion. Il n'est pas un publiciste libéral, pas un homme politique avisé qui lui ait ménagé ses railleries ou ses malédictions ! Ne nous occupons pas de ces pétards électoraux ! Laissons là ces... pochonneries, comme dirait le sage !

*
* *

Je demanderai aussi la permission d'être — pour d'autres raisons — très bref sur la loi militaire.

Dussé-je heurter de vieilles et honorables convictions, je crois fermement qu'il ne doit plus être question ni aujourd'hui, ni dans deux ans, ni jamais, de toucher à la loi militaire.

Beaucoup de ses adversaires l'ont surtout combattue, en 1887 et 1888, par un très respectable souci de la stabilité en une matière aussi délicate que celle de la réorganisation de l'armée. Il ne serait ni bien sincère, ni bien logique de leur part de remettre la loi militaire en question en 1891. L'expérience, d'ailleurs, qui en est faite à l'heure même où nous sommes, les conseils et les exemples de soumission à la loi qui ont été donnés par les évêques dans leurs instructions spéciales lui ont apporté la sanction suprême. Mgr l'évêque de Saint-Brieuc écrivait naguère, d'un des diocèses les plus profondément religieux de France, une lettre fort belle et qui peut rassurer bien des consciences :

« Une fois rendus à leur poste, disait-il, les séminaristes soldats se
« souviendront qu'ils doivent donner l'exemple de toutes les vertus
« chrétiennes et militaires. La discipline leur sera sacrée; ils auront
« pour leurs chefs le plus grand respect et la plus parfaite soumission.
« Ils se montreront pour leurs camarades très bons et très obligeants.
« . . . .
« . . . . . Ils nous reviendront plus forts, plus vertueux, plus décidés
« que jamais à être des apôtres, et peut-être leur passage à la caserne
« n'aura-t-il pas été sans exercer une salutaire influence autour
« d'eux. »

Qu'ajouterions-nous ?

On ne saurait, à la vérité, affirmer que ces lignes aient été du goût de quelques laïques qui ont pris la succession de feu Veuillot et tous les matins mangent un évêque. Mais beaucoup de braves gens ont la faiblesse de trouver qu'elles contiennent pour tous un grand enseignement. Au lendemain de nos malheureuses divisions, une loi — à laquelle personne ne peut faire autrement que de se soumettre — qui touche aux grands intérêts de la patrie, dont le résultat est de rapprocher des hommes tenus éloignés les uns des autres par des préventions souvent injustifiées, ne doit pas être accueillie comme une loi nécessairement funeste... Lequel de nous, au surplus, parmi ceux qui pensent, n'a gardé que de mauvais souvenirs de son temps de régiment? Lequel de nous n'a pas rapporté quelques heureuses réflexions de cette fusion des classes dans le rang, sous le même uniforme, sous le même commandement, sous les mêmes fatigues, autour du drapeau?

*
* *

La situation est sensiblement différente, nul ne peut le nier, en ce qui concerne les lois scolaires.

Je suis de ceux qui n'ont point regretté de n'avoir pas voté les lois scolaires, et j'avoue que je ne les voterais pas davantage aujourd'hui, du moins si elles venaient pour la première fois devant les Chambres, dans les conditions où elles ont été conçues, discutées, édictées. Elles ne répondaient certainement à aucune manifestation de l'opinion. Elles ont eu des conséquences ruineuses pour le budget de nos communes. Elles ont été surtout l'œuvre de quelques francs-maçons maussades et mal élevés qui sont venus défendre à la tribune, souvent en termes blessants et vulgaires, (faisant ainsi le plus grand tort à leur cause), moins des convictions réfléchies que le programme des radicaux de leur localité, qui leur avaient imposé la haine de Dieu sans trop savoir pourquoi, et sans l'avoir eux-mêmes bien sûrement au fond du cœur.

D'autre part, les hommes les moins passionnés en matière religieuse se sont nettement prononcés, par les plus hautes considérations sociales, en faveur de l'enseignement de la religion aux enfants, et leur jugement n'est pas sans nous émouvoir profondément.

Il y a quelques semaines M. Guillot, juge d'instruction, répondait ce qui suit à un de nos confrères qui l'interviewait sur les progrès actuels de la criminalité en France :

« Il est indéniable que la criminalité parmi les jeunes augmente....
« Ce sont là des dangers inséparables des grandes agglomérations. Pour
« les combattre, il n'est pas de trop de toutes les forces morales. C'est
« pourquoi je regrette l'absence de tout élément religieux dans notre
« éducation nationale. Qu'au point de vue métaphysique on pense de
« la religion ce qu'on voudra, il est hors de doute, pour tout homme
« qui observe impartialement les faits, qu'au point de vue social elle est
« un facteur considérable..... Ne pas se priver de la force que donne
« la religion me paraît donc une des principales conditions pour arrêter
« la recrudescence de la criminalité parmi les jeunes... »

Voilà une terrible sentence! Quelle constatation! L'expérience, le caractère professionnel, les habitudes réservées de son auteur ne la rendent-ils pas singulièrement troublante ?

*
* *

Eh bien! quel programme de gouvernement peut être étudié, proposé, mené à bonne fin, accepté de tous, à propos de la loi scolaire?

S'il existe encore, malgré tout, quelques sectaires entêtés qui se montrent obstinément rebelles à toute pensée de conciliation sur le terrain religieux, si, à côté de MM. Pochon et Cocula, des écrivains de l'importance de M. le sénateur Ranc ne craignent pas de réveiller les vieilles querelles et même d'en susciter de nouvelles, il faut loyalement reconnaître que depuis quelque temps des idées plus libérales ont hanté d'excellents esprits, et qu'un meilleur son de cloche a retenti. Des républicains respectés, des publicistes estimés, qui ont voté et soutenu de leur autorité les lois que nous avons repoussées et combattues, que leur situation politique ou professionnelle met chaque jour en contact avec les populations, qui savent, mieux que tous autres, quel est le sentiment public sur ces matières, ont fait entendre ces derniers jours d'utiles et sages conseils.

Gardons-nous de faire la sourde oreille !

Dans l'intérêt même des principes qui leur sont chers, les conservateurs éclairés ont le devoir d'appuyer des efforts qui ne sont pas toujours sans danger pour leurs auteurs et qui certainement ne seront pas sans profit pour eux. Le but des hommes dont nous parlons semble être d'amener l'accord et la conciliation tout au moins sur l'application des lois scolaires !... Ecoutons-les ; ne les décourageons pas !

*
* *

M. Méline disait à Remiremont, dans les premiers jours de janvier 1891 :

« Je suis et je resterai toujours profondément respectueux de l'idée
« religieuse, sous quelque forme qu'elle se présente, parce que je
» la crois vraie dans son principe et profondément enracinée dans la
« conscience humaine ; *elle constitue dans tous les Etats une grande*
« *force morale et sociale dont il n'est permis à aucun gouvernement*
« *de se désintéresser absolument.*

« *Voilà pourquoi, dans les rapports de l'Eglise et de l'Etat, j'ai*
« *toujours pratiqué une politique de modération vraie,* qu'on m'a
« souvent reprochée et que je ne regrette pas ; voilà pourquoi, par
« exemple, tout en étant partisan du principe de la laïcité de l'ensei-
« gnement public, qui est la conséquence forcée de la neutralité con-
« fessionnelle de l'Etat, partisan aussi du principe du service militaire
« obligatoire pour tous, sans exception, *j'ai toujours été d'avis que,*
« *dans l'application de ces lois, il était sage et politique d'introduire*
« *tous les tempéraments, toutes les précautions de transition compa-*
« *tibles avec leur texte et leur esprit.* »

Dans le journal *La France,* à la même époque, j'ai noté cette phrase :

« Le moment est favorable pour inaugurer le régime de liberté, de
« tolérance et d'apaisement qu'il était peut-être difficile de pratiquer
« quand la République était encore entourée d'ennemis menaçants,
« mais auquel aujourd'hui rien ne s'oppose. »

Vers le même temps, notre honorable confrère M. Brissac écrivait dans le *National,* à propos d'une question voisine :

« Personne, je pense, ne saurait me taxer de cléricalisme, mais
« n'est-il pas vrai (il s'agissait de poursuites exercées contre les sœurs
« au nom de la loi Brisson) que ces rigueurs sont à la fois maladroites
« et ridicules ? Pourquoi fournir à la réaction l'occasion de dire encore

« qu'on persécute tous ceux qui de loin ou de près touchent à la reli-
« gion ?

« *Que l'on applique la loi*, c'est bien évident; *mais que l'on n'oublie*
« *pas que s'il est avec le Ciel des accommodements, il doit en être de*
« *même avec elle, et ce n'est pas servir intelligemment les intérêts de*
« *la République que de ne point vouloir le comprendre.* »

Le *Temps*, ces jours-ci, en août 1891, publiait ces lignes .

« *Aux républicains de savoir accommoder leur politique aux circons-*
« *tances*, et, s'ils ont dû, pendant les périodes de lutte, recourir à des
« mesures dont quelques-unes lésaient des intérêts, blessaient des sen-
« timents respectables, à eux de désarmer aujourd'hui, dans la mesure
« où ils le peuvent sans affaiblir la République; *à eux de remplacer*
« *l'état de guerre à l'intérieur par l'état de paix !*

« La victoire même de nos institutions de mieux en mieux établies,
« de plus en plus confessées par nos adversaires, nous crée à cet
« égard des obligations impérieuses. *Tâchons donc de mériter cette*
« *louange, pour notre parti : qu'il a fait ce qui dépendait de lui pour*
« *faciliter l'union de tous les Français dans la République.* »

Lors de la remise de la barrette au cardinal Rotelli, alors nonce du
Pape, M. le Président de la République a insisté personnellement sur
cette pacification religieuse :

« Vous apporterez (dans les hauts conseils de l'Eglise)..... cet
« esprit de prudence et de pondération, ce désir de concorde et d'apai-
« sement dont s'inspire le Pontife éminent qui préside aux destinées de
« l'Eglise catholique...... Si je regrette de voir cesser nos rapports
« personnels, je me félicite de penser que le Sacré-Collège comptera
« un représentant de plus de *cette politique éclairée qui, toujours res-*
« *pectueuse des droits de l'Etat et justement soucieuse des intérêts de*
« *la société moderne, est sûre d'obtenir, en retour, les égards dus à la*
« *mission morale et pacifique dont l'Eglise est investie.* »

Eh bien, ce n'est pas tout : voici une dernière citation que je tenais à
faire, et qui, à elle seule, vaut bien toutes les autres :

M. Jules Ferry, — lui-même, — lors de la dernière campagne électorale sénatoriale, a prononcé les paroles suivantes :

« Parmi les lois que le Sénat doit défendre, il en est deux qui se
« recommandent, à l'heure actuelle, au souci des électeurs sénatoriaux :
« ce sont les lois scolaires et la loi militaire. On peut dire que pour
« celle-ci il n'y a plus de question; le séjour des séminaristes à la
« caserne est accepté par l'Eglise catholique... »

Puis :

« *Messieurs..., je désire que la paix religieuse existe dans mon*
« *pays.* Je crois qu'on l'obtiendra facilement en cessant d'inquiéter le

« clergé au sujet du budget des cultes. *Je demande aussi qu'on*
« *applique les lois scolaires dans un véritable esprit de gouvernement,*
« *c'est-à-dire dans un esprit de justice et de modération;* je veux que
« l'on pratique la justice même à l'égard des congréganistes..., mais
« je ne puis admettre qu'on touche au principe de ces lois !... »

On pourra dire que cette formule n'est point parfaite ; elle ne sem-
blera point la meilleure de toutes, assurément, aux conservateurs qui
liront ces lignes !... Mais qui n'y trouvera l'aveu et presque un regret
mélancolique de quelques excès passés ?... En tous cas, M. Jules Ferry
demandant lui-même qu'on « applique les lois scolaires dans un véritable esprit de gouvernement, c'est-à-dire dans un esprit de justice et de
modération !... » ce n'est peut-être pas pour tous la tranquillité parfaite, mais il est permis de dire que c'est un signe des temps et la
preuve du besoin de pacification qui finira par dominer les plus belli-
queux et les moins sages !... Encore une fois, est-il bien politique de
faire obstinément la sourde oreille ?

* *
*

— Alors ?

— Eh bien, je pense, — s'il est vraiment impossible pour les républicains de la veille, et je le crois, de revenir sur le texte même
des lois qu'ils ont considérées, follement, à mon sens, à une heure
déterminée, comme indispensables à la sécurité de la République, —
que nous ne devons pas refuser toute attention à ceux de ces républicains qui, sincères partisans de la pacification dans la République, se
montreront résolus à suivre le programme qui précède dans l'application des lois scolaires. Nous estimons que l'enseignement de la religion
est une chose utile, nécessaire à l'éducation de l'enfance : faudra-t-il
donc, nous en tenant aux formules de guerre, ne déposer les armes que
lorsque les lois scolaires auront été abrogées et l'enseignement du caté-
chisme restitué à l'école même ? Ou, au contraire, ne pourrons-nous
pas saluer, sans impiété, le jour où, par une application libérale des
lois, cet enseignement religieux sera, en toute occasion, facilité au
dehors, le jour où la neutralité que proclament les textes sera officielle-
ment prescrite et pratiquée, où le maître d'école cessera, pour le curé,
d'être l'ennemi, où l'on ne verra plus nulle part les membres de l'enseignement, avec une malice taquine, faire coïncider sous l'œil bienveillant de l'administration — cela est arrivé — certains exercices pédago-
giques ou gymnastiques avec l'heure ordinaire des exercices religieux ! !

Dites ! Répondez !... Pour le résultat que vous voulez atteindre
quelle attitude est la meilleure ?

Je ne cite ici qu'un exemple des difficultés signalées ces années dernières ; mais que de solutions peuvent être apportées d'une façon aussi
simple, aussi pacifique, à d'autres conflits qui n'ont certainement pas
cette importance !

Il est possible qu'un tel langage, si modéré qu'il soit, ne mérite que les dédains des hommes vénérables et solennels qui se sont attribué — sans s'y montrer, du reste, bien habiles — le rôle de parler au nom des intérêts conservateurs et qui se sont fait un petit fief des questions d'enseignement et de liberté religieuse. Mais qu'il soit permis de dire avec respect que l'heure de ces honorables pontifes parlementaires est passée. Aujourd'hui le peuple est las de leurs indignations vieillies et de leurs obstinations inutiles. On est sorti de l'état de guerre : nul homme sensé n'y veut retomber. L'examen des concessions honorables pour tous s'impose à tous les efforts sincères. La politique farouche a vécu. La politique de l'apaisement commence. Portons loyalement notre aide à celle-ci sur le terrain religieux comme sur tous les autres ! — En dehors d'elle, il n'y a que déclamations, déceptions et déroutes !...

LA QUESTION SOCIALE

La question sociale est devenue menaçante; elle préoccupe certainement beaucoup plus à cette heure notre vieux monde bourgeois que la
question religieuse, la moralisation des enfants du peuple et le salut
éternel de nos semblables.

Ce qui inquiète, non sans raison, les bourgeois — dont, après tout,
il ne faut pas médire, car la plupart des bourgeois sont de très braves
gens; sans eux, il n'y aurait de travail pour personne; ils font généra-
lement beaucoup de bien autour d'eux, silencieusement, discrètement,
parce que faire le bien est une bonne action; ils payent de lourds im-
pôts à l'Etat, et permettent ainsi à celui-ci non seulement d'acquitter les
charges publiques, mais aussi d'aider à vivre, sous mille formes
diverses, les moins fortunés de ce monde; en outre, la République
est leur œuvre, — ce qui, dis-je, inquiète les bourgeois ce n'est point
leur répugnance à secourir ceux qui souffrent, mais ce sont les excès
évidemment coupables et trop souvent impunis de quelques meneurs
ambitieux et bruyants, le manque d'énergie des pouvoirs publics dans
l'exécution des lois existantes, la faiblesse tout à fait sans dignité du Parlement, toujours prêt à modifier ces lois à la première injonction, dans
un sens favorable aux agitations, sans d'ailleurs pouvoir jamais contenter
les agitateurs. Il y a à la Chambre une commission, dite du travail, qui
semble n'avoir que ce souci, plus électoral que justifié. Le bourgeois est
industriel, commerçant, avocat, médecin, homme de lettres; il est
intelligent, a l'esprit ouvert aux revendications légitimes des laborieux.
Mais il n'accepte pas et ne subira jamais — qui peut le lui reprocher?
— les formes brutales sous lesquelles on les laisse se révéler et se développer; il ne comprend pas la débonnaire et craintive attitude des
représentants de l'ordre public et de la loi en réponse aux réquisitions
quotidiennes de la violence et de la révolte.

Quelle est donc la question sociale? Quel programme de gouvernement adopter en ce qui la concerne? Car il y a certainement une question sociale, et des résolutions à prendre.

*
* *

Dans un discours prononcé à Limoges au mois de mai dernier
M. le Président de la République s'est exprimé en ces termes :

« .....Tout ce qui touche à la santé, à la sécurité de l'ouvrier,
« à l'amélioration des conditions de sa vie, à l'hygiène de sa demeure
« et de son atelier, tout ce qui assure sa dignité en même temps que sa
« liberté, tout ce que la prévoyance commande pour que le travailleur
« atteint par l'âge ou la maladie ne puisse se trouver sans ressource,
« tout cela est l'objet constant des recherches et des travaux de ceux
« que le suffrage universel a investis de sa confiance. Les Chambres
« sont saisies d'une série de projets qui marquent leur sollicitude pour
« le monde du travail, et à l'heure où je vous parle le gouvernement
« met la dernière main au texte *de nouvelles lois qui assurent la légi-*
« *time récompense des labeurs et de l'épargne.* »

Nous estimons que M. le Président de la République a précisé, dans
le langage le plus élevé et le plus heureux, le vrai programme gouvernemental en ces matières. Dès le lendemain, M. le ministre de l'intérieur déposait son « projet de Caisse nationale des retraites pour
les ouvriers et employés », auquel on ne peut — quelques critiques de
détails qu'il comporte — donner qu'une approbation complète. L'esprit
qui l'a inspiré est des meilleurs. « Le projet, a dit excellemment
« M. Constans, en le soutenant devant la commission spéciale de la
« Chambre, a pour but principal d'encourager l'initiative individuelle,
« de stimuler l'effort de l'ouvrier, de développer dans une large mesure
« la création de nouvelles sociétés de secours mutuels... »

Le développement des institutions de prévoyance est le premier devoir qui s'impose aujourd'hui au gouvernement. L'utilité et la légitimité
de l'initiative de l'Etat ne sauraient être discutées en cette circonstance.
Son intervention n'atteint ici aucun principe, ne diminue aucune liberté ;
elle assure la vie du lendemain et la fin paisible à l'armée des travailleurs.

Donc ne marchandons point notre approbation. Souhaitons une pro-
chaine mise en pratique d'un projet aussi moral, aussi utile, aussi
humanitaire. Nous ne sommes brefs, en ce qui le concerne, que parce
qu'en vérité on ne saurait en contester le principe.

*
* *

Mais les défenseurs ordinaires des revendications ouvrières ont pris
ces derniers temps des attitudes plus agressives, qui doivent fixer
notre attention.

*
* *

La réglementation du travail, l'intervention de l'Etat dans les questions du travail ont été de tous temps vivement discutées. Il est du
moins permis, à leur propos, de se demander si le législateur de 1889,
saisi à la veille des élections générales, au milieu d'autres préoccupa-

tions, de divers projets réglementant le travail, ne s'est pas prononcé un peu hâtivement en faveur de la réglementation et de l'intervention de l'Etat. — Si la réglementation des heures de travail des enfants et des mineurs n'a guère besoin d'être défendue (car elle n'est qu'une de ces mesures de protection que la loi doit aux individus légalement incapables), on peut penser que les réformateurs, en réglementant le travail des femmes « majeures », en limitant les heures de leur travail, en restreignant la liberté des stipulations, en admettant le principe de la réglementation par l'Etat, ont créé un précédent dangereux.

En fait, les prescriptions légales dont nous parlons, et auxquelles il a bien fallu qu'on imposât des restrictions nombreuses, peuvent porter le plus grave préjudice à un grand nombre d'ouvrières fort intéressantes, qui n'ont déjà pas trop d'ouvrage ni trop de salaires, et qui préféreraient cent fois, avec raison, travailler un peu plus les mois où l'on ne chôme point, et ne pas être exposées à tous les hasards et à toutes les cruautés de l'oisiveté légale les mois où l'on chôme. En outre, certaines industries de luxe, les plus françaises, ne pourront plus lutter contre la concurrence étrangère. Enfin, où s'arrêtera-t-on dans cette voie de la réglementation? Réglementera-t-on aussi, par exemple, les heures de travail et le minimum des salaires des ouvriers de l'agriculture? Va-t-on empêcher le cultivateur de faire rentrer les céréales la nuit à l'heure propice et nécessaire? Va-t-on réduire les heures du travail agricole, en temps de moisson? — Voilà de graves objections de fait, saisissables pour tout esprit pratique, contre la réglementation du travail des individus majeurs, capables de se défendre eux-mêmes contre les abus dont ils pourraient être les victimes.

On ne saurait non plus méconnaître la gravité de la question de principe en ces matières. La liberté des contrats privés est une des conquêtes les moins contestées de la Révolution. Or, là où il y a réglementation, il y a obligation, contrainte, atteinte à la liberté. C'est le socialisme d'Etat.

Les républicains les plus sûrs et les plus autorisés n'ont pas manqué de le rappeler chaque fois que l'occasion s'en est présentée.

« Une fois que vous aurez mis le doigt dans l'engrenage, disait « en 1888 M. Yves Guyot, vous irez forcément jusqu'au bout. »

M. Frédéric Passy ajoutait : « Ce n'est pas toujours la bonté de l'intention qui fait la bonté de la potion... Dans le cas où la femme est « majeure, je crois fermement qu'il n'y a pas de raison qui autorise à « prononcer contre elle à l'avance une sorte d'interdiction semblable à « celle qui est inscrite dans l'article de la commission. » L'éminent député eût été certainement plus sévère encore contre la réglementation du travail des hommes.

Récemment, au Sénat, on a remarqué l'intéressant discours d'un honorable sénateur de l'Oise, M. Chovet, qui a apporté en fort bons termes le concours de sa grande expérience à la cause de la liberté des contrats.

En résumé, au contraire de ce que pensent ou déclarent certains hommes politiques, venus inopinément des anciens partis au socialisme, le jour où les socialistes ont été menaçants, et qui semblent chercher dans toute agitation une plate-forme de combat, affirmons que le législateur doit montrer le plus grand souci et le plus grand respect de la liberté du travail. S'il ne faut pas espérer qu'il revienne sur des votes acquis, il est permis de lui demander pour l'avenir plus de circonspection et plus de prudence dans la voie où il s'est laissé engager. L'intervention de l'Etat dans les conventions du travail, anodine jusqu'ici, a été certainement un encouragement dangereux pour les exigences, les menaces, l'arrogance des organisateurs ordinaires des clubs, des grèves et des syndicats. Telle est sur le premier point notre conclusion.

*
* *

Nous venons de parler des syndicats. Le but originaire, le but apparent des syndicats a été de permettre aux ouvriers d'une même profession de s'unir, de s'entr'aider dans la défense de leurs intérêts professionnels contre les abus dont ils pourraient être les victimes. Il n'est plus niable aujourd'hui que les syndicats, sous l'influence des agents révolutionnaires, (révolutionnaires est le qualificatif qu'ils se donnent eux-mêmes), ont cessé d'être une arme défensive pour les travailleurs opprimés ; ils sont devenus un instrument d'oppression contre la liberté du travail. Ils imposent la loi qu'ils ont décrétée aux ouvriers et aux patrons. Ils rendent le travail et l'existence impossibles aux non syndiqués, les obligent à s'embrigader pour recevoir et donner des ordres. On a récemment cité l'aventure arrivée à un ouvrier qui, après avoir fait partie d'un syndicat l'avait quitté. Les membres du syndicat délaissé se sont adressés au patron de cet homme, et l'ont menacé de mettre sa maison en interdit s'il ne le renvoyait pas. L'industriel s'est conformé à cette mise en demeure, et l'ouvrier jeté sur le pavé en est réduit à former contre le syndicat une demande en dommages-intérêts dont on ne saurait prédire le sort.

La vérité est que nous ne sommes pas, à l'heure actuelle, en présence de travailleurs éprouvés qui se rapprochent et s'unissent pour examiner ensemble et défendre, s'il y a lieu, des intérêts professionnels méconnus ou menacés. Nous sommes en face d'agitateurs de profession, qui profitent des libertés que donne la loi sur les syndicats pour exploiter la crédulité de ceux qui souffrent, mettre surtout leur personnalité bien en vue, sans souci d'autres intérêts que de ceux de leur carrière politique, toujours en quête d'une bonne candidature et de bons appointements. Grâce à leurs agissements, les grèves se multiplient sans avoir un caractère spontané, local, accidentel, sans avoir un but spécial et déterminé. Elles sont le résultat d'un plan d'ensemble. Les mêmes moyens sont partout mis en œuvre ; partout les mêmes meneurs les dirigent ; au cours des discussions violentes qu'elles provoquent, il n'est question d'autre chose que de déclarations de guerre à l'organisation

sociale actuelle. Les grands services privés et publics sont à chaque
instant désorganisés ou menacés. Les conséquences les plus graves au
point de vue commercial et même de la défense du pays sont à prévoir;
à l'étranger, comme en France, dans les congrès ouvriers internationaux
que les syndicats dirigent, on parle de la grève générale des chemins de
fer et des ateliers de toutes sortes en cas de guerre. Le socialisme
international ne fait plus qu'une bouchée de la personnalité et de l'idée
de la patrie!

*
* *

Faut-il demander l'abrogation de la loi du 21 mars 1884, qui a permis
et protège l'institution des syndicats ? S'il était possible de songer à son
abrogation, la loi de 1884 rencontrerait certainement plus d'adversaires
qu'elle n'en compte; mais en ces matières comme en bien d'autres,
les lois qui sont les plus discutables sont définitives dès qu'elles sont
votées. Il nous sera toutefois permis de dire qu'une loi à l'ombre de
laquelle les syndicats ouvriers ont pris le développement et présentent
les dangers que nous rappelions à l'instant même n'est pas une de ces
lois dont on doive souhaiter l'extension; il sera permis de demander
aux pouvoirs publics de se montrer très résolus à ne point en élargir à
l'avenir les dispositions, et de s'arrêter dans la voie des imprudences
législatives; il sera permis d'exiger du gouvernement qu'il concilie, par
les moyens dont il dispose, l'exercice des droits accordés aux ouvriers
avec le maintien de l'ordre et le respect de la liberté du travail.

Il convient de placer ici le compte rendu des mémorables séances des
15 et 16 février 1791 de la Constituante, où furent supprimées les corporations, les maîtrises et les jurandes, et de laisser un instant sous les
yeux du lecteur la loi du 14 juin 1791, qui avait pour but de mettre fin
à une agitation ouvrière semblable à celle qui se produit de nos jours.
On verra comme on a marché ces derniers temps et comme, aujourd'hui,
nous sommes loin de la haute conception qu'avaient nos pères de la
liberté des citoyens, de la liberté du travail, de la liberté des contrats !

Voici le texte de la loi du 14 juin 1791 :

« Article premier. — L'anéantissement de toutes les corporations
« des citoyens du même état et profession étant une des bases de la
« Constitution française, il est défendu de les rétablir de fait, sous
« quelque prétexte et sous quelque forme que ce soit.

« Art. 2. — Les citoyens d'un même état ou profession, les entre-
« preneurs, ceux qui ont boutique ouverte, les ouvriers ou compagnons
« d'un art quelconque, ne pourront, lorsqu'ils se trouveront ensemble,
« se nommer ni présidents, ni secrétaires, ni syndics; tenir des
« registres, prendre des arrêtés ou des délibérations, former des règle-
« ments sur leurs prétendus intérêts communs.

« Art. 3. — Il est interdit à tous corps administratifs ou municipaux

« de recevoir aucune adresse ou pétition sous la dénomination d'un
« état ou profession, d'y faire aucune réponse, et il leur est enjoint de
« déclarer nulles les délibérations qui pourraient être prises de cette
« manière et de veiller soigneusement à ce qu'il ne leur soit donné
« aucune suite ni exécution.

« Art. 4. — Si, contre les principes de la liberté et de la Constitu-
« tion, des citoyens attachés aux mêmes professions, arts et métiers,
« prenaient des délibérations, ou faisaient entre eux des conventions
« tendant à refuser de concert, ou à n'accorder qu'à un prix déterminé
« le secours de leur industrie ou de leurs travaux, lesdites délibérations
« et conventions, accompagnées ou non du serment, sont déclarées
« inconstitutionnelles, attentatoires à la liberté et à la Déclaration des
« Droits de l'homme, et de nul effet. Les corps administratifs et munici-
« paux seront tenus de les déclarer tels. »

Chapelier, le rapporteur, s'exprimait en ces termes :

« Plusieurs personnes ont cherché à recréer les corporations anéan-
« ties, en formant des assemblées d'arts et métiers, dans lesquelles il a
« été nommé des présidents, des secrétaires, des syndics et autres offi-
« ciers. Le but de ces assemblées, qui se propagent, et qui ont déjà
« établi entre elles des correspondances, est de forcer les entrepreneurs
« de travaux à augmenter le prix de la journée de travail, d'empêcher
« les ouvriers et les particuliers qui les occupent dans leurs ateliers de
« faire entre eux des conventions à l'amiable, de leur faire signer l'obli-
« gation de se soumettre au taux de la journée de travail, fixé par ces
« assemblées, et aux autres règlements qu'elles se permettent de faire.
« *On employe même la violence pour faire exécuter ces règlements : on*
« *force les ouvriers de quitter leurs boutiques, lors même qu'ils sont*
« *contents du salaire qu'ils reçoivent.* On veut dépeupler les ateliers, et
« déjà plusieurs ateliers se sont soulevés et différents désordres ont été
« commis.

« Les premiers ouvriers qui se sont assemblés en ont obtenu la per-
« mission de la municipalité de Paris. A cet égard, la municipalité
« paraît avoir commis une faute. Il doit, sans doute, être permis à tous
« les citoyens de s'assembler ; mais il ne doit pas être permis aux
« citoyens de certaines professions de s'assembler pour leurs prétendus
« intérêts communs. *Il n'y a plus de corporations dans l'Etat ; il n'y*
« *a plus que l'intérêt particulier de chaque individu et l'intérêt géné-*
« *ral. Il n'est permis à personne d'inspirer aux citoyens un intérêt*
« *intermédiaire, de les séparer de la chose publique, par un intérêt de*
« *corporation.*

« *Il faut remonter au principe que c'est aux conventions libres,*
« *d'individu à individu, à fixer la journée pour chaque ouvrier ; c'est*
« *par suite à l'ouvrier à maintenir la convention qu'il a faite avec*
« *celui qui l'occupe. Le taux de la journée de travail doit dépendre*
« *des conventions librement faites entre les particuliers.* »

Ce n'est pas tout. La Convention elle-même — informée que les ouvriers papetiers ayant conservé, malgré toutes les défenses, leur ancienne organisation en confréries, voulaient dicter leurs conditions, mettre certains ateliers à l'index, etc., etc. — vota, le 23 nivôse an II, une loi dont voici les dispositions principales :

« ... Art. 5. — Les coalitions entre ouvriers des différentes manu-
« factures, par écrit ou par émissaire, pour provoquer la cessation du
« travail, seront regardées comme des atteintes portées à la tran-
« quillité qui doit régner dans les ateliers.

« Art. 6. — Les amendes entre ouvriers, celles mises par eux sur
« les entrepreneurs seront considérées et punies comme simple vol.
« Les proscriptions, défenses et interdictions sont regardées comme
« des atteintes portées à la propriété des entrepreneurs ; ceux-ci seront
« tenus de dénoncer à l'agent national de l'administration du district
« les auteurs ou instigateurs de ces délits, qui seront mis sur-le-champ
« en état d'arrestation. ... »

Tel est le droit moderne, telle est la législation de la Révolution. Les hommes de la grande époque n'étaient assurément pas des gardiens moins vigilants que nos réformateurs d'aujourd'hui de l'indépendance des citoyens et de la liberté du travail proclamées dans la Déclaration des Droits de l'Homme !

*
* *

Terminons par une dernière considération assez saisissante et fort pratique empruntée à un récent article de M. Spuller, dans la *République française :*

« Ce serait, dit-il, rendre un mauvais service aux travailleurs que de
« leur cacher ce qu'ils voient d'ailleurs parfaitement bien, pour peu
« qu'ils y apportent sincérité et bonne foi, c'est que les dernières
« grèves, et particulièrement l'extension abusive qui a été donnée à
« l'esprit comme au texte de la loi de 1884 sur les syndicats profes-
« sionnels, ont grandement nui dans l'opinion publique à ce qu'on
« appelle la cause des revendications populaires. » — C'est un vieux républicain qui tient ce langage !

Puisse l'argument ouvrir les yeux à l'armée des braves gens dont on exploite si criminellement les souffrances ! Puissent-ils comprendre qu'en effet leur procès, dans l'état de notre société, n'a pas de pires adversaires que les prétendus apôtres qui se sont institués leurs défenseurs, défenseurs intéressés et bruyants, qui seuls se tirent toujours des bagarres où ils les jettent ! Puissent-ils placer leur confiance en ceux qui cherchent sérieusement à les secourir, qui leur ont déjà fait quelque bien, qui, eux du moins, ne les ont jamais trompés !

*
* *

En résumé, nous sommes et voulons rester de notre temps; nous sommes les fils de 89; nous défendons les principes et les lois de la Révolution. Nous ajoutons qu'en face d'une situation qui s'aggrave chaque jour, la faiblesse serait la plus coupable des fautes que pussent commettre les pouvoirs publics. Le gouvernement ne saurait borner son action aux douloureuses mais nécessaires répressions qui ont ensanglanté Fourmies, ou aux charges de cavalerie un peu puériles dont, le 1er mai de chaque année, la place de la Concorde et la rue Royale sont le théâtre. Le gouvernement n'a pas seulement pour mission de réprimer les excès et les violences. Il a aussi pour devoir de les prévenir, de les empêcher et d'exécuter les lois dont il a le dépôt. S'il lui est impossible de songer à la suppression des dangereuses institutions qu'elles protègent, il doit du moins s'élever énergiquement contre des innovations législatives qui seraient de nature à développer les causes d'agitation et de désordre. Il a la responsabilité du maintien de l'ordre, du respect de la liberté du travail, et ce n'est pas nier la légitimité de certaines revendications ouvrières, auxquelles nous avons prêté toute l'attention qu'elles méritent, que de déclarer nettement que la tyrannie des syndicats n'a rien de commun avec elles, et que les syndicats ont trop souvent, ces derniers temps, troublé l'ordre dans la rue et porté atteinte à la liberté des travailleurs. Ayons le courage d'affirmer tout haut ce que pensent tout bas bien des gens, et les meilleurs!

MÉTHODE LÉGISLATIVE ET GOUVERNEMENTALE

S'il est hors de doute que la question sociale et la question religieuse ont dominé ces derniers temps toutes les préoccupations et toutes les polémiques, et s'il est vrai que le pays demande surtout que le gouvernement prenne vis-à-vis de l'une et de l'autre une attitude à la fois résolue et libérale, on ne saurait oublier — aveugle qui oublierait ! — que d'autres questions, moins philosophiques, mais d'un intérêt pratique certain, ont été soulevées au cours des dernières batailles électorales et des discussions les plus récentes.

Sans qu'il soit possible de rouvrir des débats qui sont clos, il faut se souvenir que le mécanisme gouvernemental actuel, la méthode législative, l'inconstance, malheureusement indéniable, des votes parlementaires, la défectuosité des lois délibérées par les Chambres ont trop souvent justifié les critiques, la raillerie, les attaques dont a été l'objet, en 1889, le régime parlementaire. Le boulangisme n'a pas eu d'autre point de départ. Il y a toujours, à côté du chef de parti qui l'exploite, une idée qui précède les entraînements de la foule, et les hommes politiques prévoyants doivent porter leurs regards et leurs méditations non seulement sur les écarts de cet engouement, mais encore sur ses origines véritables. Nous parlions, au début, de l'attitude qui convient aux vaincus des luttes politiques ; les vainqueurs ne sauraient rien perdre de leur dignité à se recueillir, eux aussi, et à rechercher soigneusement si les événements d'il y a deux ans, qui leur ont coûté tant de luttes et fait traverser tant d'angoisses, n'ont pas eu quelques causes raisonnables qui ont survécu au départ de l'agitateur, à la disparition des camelots et à leur propre triomphe !

Il ne s'agit point de célébrer ici les bienfaits de la revision des lois constitutionnelles, ajournée désormais. La revision, à vrai dire, eût pu produire les plus heureux résultats, si la campagne entreprise pour l'obtenir n'avait affecté un caractère personnel et n'avait été compromise dans les intrigues des chefs parlementaires de la droite. Nous avons été un petit nombre de sincères parmi les revisionnistes venus de la droite en 1889.... Mais peu importe tout cela ! Ce qu'il faut reconnaître, c'est que la revision, à l'heure actuelle, c'est encore le boulangisme. Essayez donc aujourd'hui de soutenir, avec quelque chance d'inspirer confiance, que la revision peut être accomplie d'une façon pacifique, constitutionnelle, impersonnelle, sous la présidence de M. Carnot ! Et pourtant rien ne serait plus réalisable ! — Il ne faut donc plus, présentement, prononcer même le mot de revision ! D'ailleurs il rappelle des combats, et nous voulons loyalement l'apaisement.

*
* *

Mais, sans recourir à la revision des lois constitutionnelles, il serait facile de donner une satisfaction raisonnable aux plaintes énumérées ci-dessus, d'apporter une organisation meilleure aux travaux des assemblées politiques. On peut y parvenir pacifiquement par des modifications peu considérables au règlement des Chambres.

Les lois sont mal faites, mal préparées, mal rédigées : ce n'est pas douteux. Ne pourrait-on pas décider, par une mesure réglementaire, que le Conseil d'Etat sera toujours consulté sur toutes les propositions émanées de l'initiative parlementaire, hors les cas d'urgence et de discussion immédiate ordonnées? Le renvoi au Conseil d'Etat est facultatif aujourd'hui. Pourquoi ne pas le rendre obligatoire? Cette haute juridiction donnerait simplement un avis motivé qui pourrait être utilement défendu à la tribune parlementaire par un commissaire du gouvernement. Rien d'inconstitutionnel à cette disposition réglementaire, les lois constitutionnelles prévoyant explicitement le renvoi des propositions de loi au Conseil d'Etat par un vote, en tout état de cause, de l'une ou l'autre des deux Chambres, et le Parlement restant toujours le souverain juge des conclusions qui lui seront soumises au nom du Conseil d'Etat.

Sans porter davantage la main sur les prérogatives des représentants du peuple, ne pourrait-on pas essayer de réglementer le droit d'interpellation? Il n'est pas dans notre pensée de l'étouffer ou de le restreindre; mais on pourrait soumettre le développement public des interpellations à l'autorisation d'une commission élue par les bureaux, étant stipulé, d'ailleurs, expressément que si un certain nombre de députés, le tiers par exemple, demandaient la discussion publique, celle-ci, quelles que soient les conclusions de la commission, serait toujours de droit, à la date fixée par la majorité.

Ne pourrait-on pas encore, par une disposition réglementaire, interdire — sauf en de rares exceptions — à l'initiative parlementaire de greffer, à l'improviste, des questions de législation et de réformes au fond sur la discussion du budget? On a vu la commission du budget, et la Chambre elle-même, trancher ainsi — point toujours heureusement — les questions de principes les plus graves, prononcer sur les réformes les plus importantes, improviser des lois économiques fondamentales, les soustrayant aux délibérations plus mûries, faites dans un esprit moins exclusif, d'une commission spéciale nommée par les bureaux. Aussi bien, la commission du budget devra toujours, conformément au règlement existant, donner son avis sur les conséquences financières de la proposition soumise à la Chambre : les intérêts financiers de l'Etat demeureront ainsi protégés.

Ce n'est pas une étude du règlement que nous voulons entreprendre en ces quelques lignes. Nous nous bornons à des indications, non limitatives, qui méritent, à notre avis, de fixer l'attention et l'examen des pouvoirs publics, surtout peut-être du Bureau de la Chambre des députés. Il s'agit de mesures d'ordre qui n'entameraient aucune prérogative constitutionnelle et qui produiraient de bons résultats. M. Floquet, dans son projet de révision de 1888, — où il y avait beaucoup à reprendre et un peu à prendre, — avait compris, avec l'expérience des choses parlementaires que lui a acquise l'exercice de la présidence, qu'il fallait, sans porter atteinte aux prérogatives parlementaires, répondre par une meilleure organisation de la procédure législative à des objections et à des critiques certainement fondées. Il avait notamment préconisé la préparation des lois par le Conseil d'Etat, qui nous donnerait déjà une grande satisfaction.

*
* *

D'un autre côté, il ne faut pas croire que le rôle du gouvernement, dans un régime parlementaire, soit nécessairement un rôle effacé, variable au gré des caprices des majorités souvent impressionnables. Il ne saurait y avoir ni stabilité, ni esprit de suite, soit dans l'administration intérieure du pays, soit dans la conduite des affaires diplomatiques, si les hommes qui ont la responsabilité du pouvoir n'affirment point avec netteté et résolution comment ils veulent vivre, ce qu'ils entendent faire, les mesures pour lesquelles ils solliciteront l'appui des élus de la nation.

En plusieurs circonstances, nous avons vu proclamer, en termes heureux, la nécessité de cette attitude par des républicains qui ne sont ni des suspects, ni des néophytes. Nous avons, notamment, recueilli dans le journal *Le Temps* les intéressantes considérations que voici, auxquelles assurément nous ne saurions substituer notre commentaire personnel :

« Le gouvernement a-t-il toujours eu parfaitement conscience de
« son rôle naturel de tuteur de la majorité ?... A-t-il assez clairement
« montré le but et les voies pour y parvenir ? N'a-t-il point eu des hési-
« tations, des défaillances et des revirements fàcheux ? N'a-t-il point
« paru quelquefois peu soucieux de parler haut et ferme, alors que
« c'était là le plus sûr moyen de se faire écouter et de se faire suivre ?
« Autant d'interrogations qu'il pourra se poser à lui-même avant la
« rentrée. »

(Le Temps, 10 août 1890.)

. . . .

« Plus le gouvernement, émanation directe de la majorité, saura ce
« qu'il veut et le dira nettement, plus il se fera respecter par le Parle-
« ment et le pays. Inversement, plus il se montrera indécis et timide,
« prêt à se laisser ballotter par tous les courants parlementaires, plus
« il sèmera de mécontentements et de malaises à la Chambre et hors
« de la Chambre. C'est à l'oubli de ces principes essentiels que nous
« avons dû le boulangisme et les dangers courus par la République;
« c'est à leur application, au contraire, que l'Angleterre doit certaine-
« ment la meilleure part de sa puissance économique et coloniale. »

(Le Temps, 11 juin 1891.)

On ne saurait mieux dire.

Non, les institutions parlementaires ne s'opposent pas à l'action du gouvernement. Le droit de contrôle des représentants du peuple ne saurait faire obstacle à son initiative, ni à la nécessaire direction qu'il appartient toujours aux représentants du pouvoir d'imprimer aux travaux des corps délibérants. C'est surtout sous le régime parlementaire que le ministère responsable devant les assemblées doit leur soumettre un plan de travail et leur manifester nettement sa volonté. Elles peuvent lui accorder ou lui refuser leur confiance. Mais en aucun temps, dans aucun pays, de quelques illustrations qu'elles se composent, les assemblées parlementaires ne sauraient se passer — ne disons pas d'un chef — mais d'un guide. Or, c'est le gouvernement, le ministère qui est leur guide indiqué. Sinon il n'y aurait que confusion, désarroi, incohérence, instabilité.

*
* *

Peut-être aussi, depuis quelques années, en bien des localités, les fonctionnaires administratifs ont-ils laissé, avec une bienveillance excessive, se développer à leurs côtés de véritables petites puissances dont les intentions originaires ont pu être excellentes, mais dont l'importance tracassière et la politique étroite sont devenues souvent fort préjudiciables à la pacification que nous souhaitons tous. Nous voulons parler des comités électoraux de province.

Que les services par eux rendus à la République, à l'heure de la lutte pour la vie, aient épargné à leur permanence tout à fait irrégulière les rigueurs de la loi, rien de plus explicable; mais, en fait, cette permanence des coteries locales, où les ambitions personnelles, brouillonnes, tumultueuses, ne connaissent ni mesure, ni conseil, ni tenue, entretient trop souvent d'inutiles et malheureuses agitations; elle éloigne de la République, au lieu de les en rapprocher, bien des citoyens tranquilles auxquels elle n'apparaît que comme une secte toujours en guerre et toujours grincheuse. — Ces petites églises, dont il n'est point possible de dissimuler les empiétements successifs dans les départements, font certainement courir les plus grands dangers à la politique d'apaisement. Serait-il bien difficile de faire entendre raison à leurs grands-prêtres ? — Sérieusement, il ne serait pas maladroit de leur signifier que désormais, pour avoir les palmes académiques, ils devront surtout être bien sages !

Aussi bien, ne pas laisser se constituer, à côté des pouvoirs publics réguliers, une puissance quelconque sur laquelle ils ne peuvent exercer aucun contrôle, dont ils ne peuvent refréner aucun écart, est une des premières obligations qui échoient aux gouvernants. Sinon, ils s'exposent à encourir la responsabilité d'agissements auxquels ils sont étrangers ou qu'ils regrettent; ce qui est la plus piteuse et la moins honorable des postures.

CONCLUSION

Nous avons voulu, en quelques lignes, préciser ce qu'espèrent, ce qu'attendent des pouvoirs publics un grand nombre de citoyens indépendants qui n'ont d'autre politique que de vivre heureux sous un gouvernement stable, prudent, modéré, libéral et démocratique à la fois.

Nous croyons sincèrement avec eux que le programme qu'il importe d'a lopter résolument peut se condenser en quelques termes :

Soumission sans réticence à la République.

Modération dans l'application des lois qui touchent aux traditionnelles croyances de la nation.

Energique exécution des lois contre les meneurs révolutionnaires, sous quelques prétextes et sous quelques noms qu'ils prétendent agir.

Amélioration du sort des classes laborieuses par toutes les mesures financières et morales qui ne portent aucune atteinte aux principes de la liberté des individus et des contrats.

Méthode de travail meilleure.

Direction gouvernementale plus sensible.

*
* *

Nous reconnaissons la République comme le gouvernement définitif et indiscutable de la France. Nous ne mettons aucune condition à notre adhésion. Nous déclarons que si la République était contestée ou attaquée, nous la défendrions en serviteurs loyaux et fidèles. — Nous sommes venus à elle, un an après la défaite (1), non en rampant, non en valets, non en solliciteurs. Nous comptons parmi les membres actuels du ministère trois amis personnels. Nous ne leur avons rien demandé, nous ne leur demanderons rien pour nous. Nous sommes venus à la République en hommes libres, qui entendent rester libres, mais qui croient profondément à l'union nécessaire de toutes les fractions de la démocratie dans la République, et qui lui apportent une aide modeste, sincère, désintéressée.

(1) Lettre au *Progrès de l'Oise* du 28 septembre 1890. (Ci-après, p. 29.)

Aussi bien ce n'est pas aux républicains de la veille que s'adressent ces lignes, c'est surtout à ceux de nos concitoyens qui nous ont écoutés et soutenus dans les luttes d'autrefois, et qui nous suivront — s'il y a lieu — nous en sommes sûrs, dans les luttes futures, sur le terrain de la République rajeunie, à la fois modérée et gouvernementale. Avec nous, comme nous, en gardant pieusement au fond du cœur les respectables regrets du passé, ils ouvriront les yeux à la lumière et à l'avenir !

Quant aux hommes qui ont la lourde charge du gouvernement, et qui ne peuvent douter de notre loyauté, nous leur disons simplement : Pendant douze ans, à tort ou à raison, par nécessité ou tempérament, pour le bien ou pour... le mal, ceux qui ont occupé le pouvoir avant vous, quelques-uns même parmi vous, ont accepté ou servi une politique de combat. L'heure de la bataille est passée. Par conviction ou par impuissance les plus sérieux adversaires de la République ont déposé les armes. Le moment ne vous semble-t-il pas propice pour affirmer de plus en plus la politique d'apaisement et d'union, pour consacrer à des études utiles, à des réformes pratiques votre temps, vos efforts, votre intelligence égarés pendant trop d'années sur d'autres besognes ?

Suivez donc à l'avenir davantage les règles qui s'imposent à tous les régimes qui veulent vivre. Etendez à tous les citoyens, suivant leurs mérites, les bienfaits et l'impartialité du gouvernement ; montrez en toutes circonstances l'initiative, la résolution, l'esprit de suite, l'esprit de gouvernement !

Nous pouvons, en vérité, résumer ce qui précède en cette brève formule acceptable pour tous : « Que la République cesse d'être un parti, que la République soit un gouvernement. »

C'est ce programme que le suffrage universel acclamera dans deux ans. C'est celui que nous voulons servir.

LETTRE AU *PROGRÈS DE L'OISE*

Du 28 septembre 1890

Paris, 28 septembre 1890.

Monsieur le Directeur,

Depuis les dernières élections, c'est-à-dire depuis un an, j'ai gardé un silence que me paraissait commander l'échec qui a atteint cruellement dans l'Oise, en 1889, les candidats de l'opposition. Je ne m'en serais certainement pas départi, n'ayant aucune raison personnelle pour le faire, et n'y voyant aucun intérêt pour le public, sans la reproduction que vous avez faite mercredi — comme c'était d'ailleurs absolument votre droit — d'une lettre de moi à M. le général Boulanger, et d'une lettre de M. le comte de l'Aigle à M. le baron de Mackau, relatives toutes deux aux dernières élections législatives. Absent de Paris depuis plusieurs semaines, je n'ai eu qu'aujourd'hui le *Progrès* du 24.

Il est hors de doute, ainsi que vous le dites, qu'avant l'échec au Conseil général de M. le duc de Mouchy, qui seul a déterminé sa retraite et ma candidature dans la première circonscription de Beauvais, loin de ceux qui avaient bien voulu me faire naître à la vie publique, mon honorable collègue M. le comte de l'Aigle et moi nous nous sommes disputé le patronage du général Boulanger. Cela nous sera compté un jour à l'un et à l'autre en bien ou en mal; nous le regrettons ou nous ne le regrettons pas dores et déjà : le fait n'en est pas moins certain. Les hommes politiques doivent savoir accepter la constatation et les conséquences de leurs actes politiques, qu'ils aient été des clairvoyants ou des aveugles, que ces actes aient été raisonnables ou imprudents.

Mais voici l'objet précis de cette lettre :

D'une part, votre article contient la phrase suivante : « Nous ne pouvons priver nos lecteurs de ces documents, qui mettent en pleine lumière les agissements des candidats monarchico-boulangistes... »

D'autre part, M. le comte de Paris, dans un document d'hier (une lettre à M. Bocher), déclare avec une franchise, un peu lourde, qui détonne avec les habiletés traditionnelles de ses conseillers, que sa politique consiste à ramasser n'importe quelles armes pour diviser les républicains... Singulier langage à la vérité dans la bouche du petit-fils de Louis-Philippe ! Etrange oubli de l'union démocratique qui a présidé aux débuts républicains de 1830 !...

Eh bien, je viens vous demander, Monsieur, de ne pas confondre sous la dénomination de *monarchico-boulangistes* et avec les hommes politiques qui, sous l'inspiration de M. le comte de Paris, ont songé à faire dévier le mouvement revisionniste au profit de la royauté, les citoyens indépendants qui ont été, à tort ou à raison, mais sincèrement convaincus que les réformes constitutionnelles eussent organisé le véritable gouvernement de la démocratie, qui ont fait, l'an dernier, une adhésion loyale à une revision républicaine, qui ont fait à ce moment — je n'hésite pas à le dire pour ma part — non un pas vers la monarchie, mais un pas vers la République.

J'ai été de ces derniers. Je l'ai déclaré aux électeurs de l'Oise dans diverses circonstances et par plusieurs circulaires. Je n'ai pas entendu les tromper alors. Je n'entends pas rebrousser le chemin parcouru.

Les vieux bonapartistes de l'Oise, qui ont pris part aux luttes de 1877 et 1878, qui ont été mes soutiens de la première heure en 1881, peuvent entendre ce langage. Ils l'ont approuvé quand je le leur ai tenu l'an dernier. Ils sont les fils de 89, les enfants de la France moderne, de la France démocratique.

Il est permis sans doute de demander à la République une direction politique différente en certains cas, peut-être même prochainement l'étude de ces réformes constitutionnelles, avortées dans les conciliabules nocturnes des chefs de groupe parlementaires, que nous avons défendues tant de fois, qu'ont défendues tant de républicains : la préparation des lois par le Conseil d'Etat, les ministres pris hors des Chambres, l'élection — moins dangereuse qu'on ne le dit — du Président de la République par le suffrage universel. Nous discuterons tout cela, non demain, mais plus tard, car en ce moment le pays veut la paix avant tout et est las des agitations de la politique... Mais, quels que soient les souvenirs qui nous étreignent, est-il vrai que la majorité de ce pays a adhéré à la République, qu'il n'y a aucun moyen légal, ni pratique de la remplacer par un autre régime ?... Dès lors, est-ce vouloir être utile à ses concitoyens, et vouloir faire triompher ses idées que de se butter à une opposition de forme qui voue nécessairement à l'impuissance tous nos efforts, qui nous fait confondre avec les royalistes, dont tout nous sépare, et qui nous rend suspects aux républicains, dont tout nous rapproche : nos origines, nos tendances, nos intérêts ?... Que M. le comte de Paris poursuive les divisions ! Nous, c'est l'union sincère de toutes les fractions de la démocratie que nous devons — loyalement — chercher à faire..., sous la République, sous le gouvernement légal du pays.

Je sais à merveille, Monsieur, ce à quoi on s'expose quand, ayant appartenu à la Droite des assemblées parlementaires, on écrit ce que je vous écris. On est, d'ordinaire, un peu... abîmé par tout le monde ! Je me rappelle comment on a accueilli Raoul Duval lui-même, après son grand et patriotique discours de 1886 ! Mais peu importe ! Je ne suis pas député ; je n'ai donc à rendre compte de mes paroles à personne ; et j'affirme, quoique je ne puisse vraiment prendre aucun engagement pour l'avenir, que je ne suis guidé ici par aucune arrière-pensée électorale personnelle. J'estime simplement qu'il faut enfin sortir des équivoques, que parler sans cesse d'union conservatrice, c'est parler pour ne rien dire, que l'heure est venue pour nous tous de déclarer franchement ce que nous pensons, ce que nous sommes, ce que nous voulons !

La sincérité qui a dicté ces lignes m'assurera tout au moins, je l'espère, de la part de tous une courtoisie dont, en ce qui me concerne, on le sait, je ne me suis jamais départi vis-à-vis de personne.

Veuillez agréer, Monsieur le Directeur, l'assurance de mes sentiments les plus distingués.

Albert DUCHESNE,

Ancien député de l'Oise.

Paris. — Imp. LÉAUTEY, rue Saint-Guillaume, 24.